V.-E. VEUCLIN

LES
ENFANTS ABANDONNÉS

ET LA

Communauté des Paroisses
EN NORMANDIE

DANS LES DEUX DERNIERS SIÈCLES

BERNAY

IMPRIMÉ PAR V.-E. VEUCLIN

EN L'AN 1888

36)

V.-E. VEUCLIN

LES
ENFANTS ABANDONNÉS
ET LA
Communauté des Paroisses
EN NORMANDIE
DANS LES DEUX DERNIERS SIÈCLES

BERNAY

IMPRIMÉ PAR V.-E. VEUCLIN

EN L'AN 1888

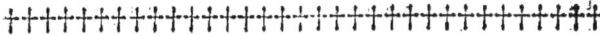

†††

Avant-propos.

Appartenant au peuple campagnard, son histoire nous est particulièrement chère et attrayante.

Déjà, à propos de l'Instruction publique dans les deux derniers siècles, nous avons, dans plusieurs notices (1), montré combien étaient nombreuses et saines les sources intellectuelles où les enfants des pauvres, des villageois venaient puiser à discrétion les connaissances morales et humaines.

---

(1) Les Petites Ecoles et la Révolution dans les districts de Bernay et de Louviers ; 1886.

L'Ancien Collège de Bernay ; 1886.

Notes historiques sur l'Instruction publique, avant la Révolution, à Bernay et aux environs; 1886.

Notes historiques sur l'Instruction publique, avant la Révolution, à Louviers et aux environs ; 1887.

Nouvelles Glanes historiques sur l'Instruction publique avant, pendant et après la Révolution ; 1887.

Les Fondateurs d'Ecoles au XVII° siècle; 1888

En préparation :

Quelques Notes inédites sur les anciennes Petites Ecoles du Calvados.

Aujourd'hui, remontant un peu plus haut, nous continuerons et compléterons une étude que nous avons commencée sur les « Enfants abandonnés » (1), et nous montrerons aussi quelles étaient, jadis, les mesures prises, dans les paroisses rurales de la Normandie, à l'égard de ces malheureux petits êtres lâchement ou fatalement délaissés à la charité publique.

E. VEUCLIN.

(1) Voir notre étude : *Le Cléricalisme n'est pas l'ennemi de l'Instruction, etc.* : pages 150-168.

En 1887, au Congrès des Sociétés savantes, à la Sorbonne, nous avons aussi, dans la première partie de notre *Mémoire sur le Paupérisme*, traité la question historique des enfants abandonnés.

Nous recommandons la lecture du remarquable ouvrage couronné par l'Académie les sciences morales et politiques : *Histoire des enfants abandonnés et délaissés...,* par Léon Lallemand, lauréat de l'Institut. — Paris, 1885.

Législation normande.

Outre les ordonnances royales et ecclésiastiques (1) usitées dans tout le royaume, la *Coutume de Normandie* contient une disposition spéciale relative aux enfants exposés ; on lit, en effet, dans l'édition de 1648 :

« Les Espaves qui sont choses sans adveu et sans seigneur, appartiennent au haut-justicier, aussi les enfans trouvez et exposez au district de sa haute justice, doivent être nourris à ses depens. Ce qui ne s'observe entre nous. Et fut par arrest du 2 Aoust 1607, le Commandeur de Villedieu déchargé de la nourriture des enfans exposez en son territoire, & ordonné qu'ils seroyent nourris par les parroissiens s'il n'y avoit hostel-Dieu sur le lieu, à la charge de contribuër par luy comme seigneur de haute-justice. — Semblable arrest avoit esté donné en audience le 12 Mars 1597, par lequel le sieur Abbé de Fecam S^{nr} de Heudebouville, le Bailly & Procureur fiscal du lieu & parroissiens furent tous condamnez en général à la nourriture d'un enfant exposé en ladite

---

(1) Parmi les prescriptions royales, rappelons l'édit de Henri II concernant la déclaration des filles enceintes ; citons aussi la recherche légale de la paternité. — Les Conciles de Vaison et d'Arles, en 442 et 452, s'occupèrent des enfants exposés.

parroisse, après qu'il fut demeuré connu
qu'en icelle n'y avoit ny hospital, ny le-
prosarie ou autre lieu pitoyable. — Et
encore un autre arrest du Vendredy de
relevée 17 May 1596, par lequel fut dit
qu'un enfant exposé à Vaucelles & sur le
territoire de Caën parroisse d'Allemagne,
seroit nourry par l'hostel-Dieu de Caen,
comme le plus proche, & non par le trésor
de ladite parroisse de Vaucelles — Par
un autre arrest du 9 Juillet 1596, les administrateurs du bureau des pauvres de
Rouën furens par provision condamnez
nourrir un enfant exposé dans la banlieüe
prez Maromme. Et sur le principal ap-
pointez au Conseil avec les parroissiens
de Maromme, sur lesquels ils se préten-
doyent décharger comme estant dans la
banlieüe, parce que la banlieüe jouyst
des mesmes priviléges que la Ville... »

L'édition de 1701 de notre Coutume
ajoute ces autres détails relatifs à la nourriture des enfants exposés :

« Dans les autres lieux de la Province
cette nourriture tombe en charge au Trésor de la Paroisse. Selon la disposition de
quelques Conciles de France les enfans
exposez étoient nouris par les Eclésiasti-
ques des aumônes faites à l'Eglise pour la
nourriture des pauvres, & depuis les Hôpitaux aïant été bâtis, ils ont été tenus
de nourrir les enfans exposez ; & dans
les lieux où il n'y en a point, comme le
Trésor de l'Eglise est composé d'aumônes

cette nourriture doit être à sa charge... »

L'édition de 1771 ajoute aussi :

« ... Si les Trésors n'ont pas de biens suffisaus, les Seigneurs de Fief et les Parsoissiens doivent fournir la dépense, pour la nourriture et entretenement des enfans exposez... »

Eufin, un docum?nt de 1778 (1), indique en ces termes la législation alors en vigueur :

« ... En la province de Normandie, les
« seigneurs hauts-justiciers, les posses-
« seurs de fiefs ne sont pas tenus de pour-
« voir à l'entretien des bâtar ls, qui, sui-
« vant la loi municipale et la jurispruden-
« ce constante du Parlement de Rouen,
« sont regardés comme un fruit de la
« terre et une charge de la propriété fon-
« cière ; en conséquence, les propriétai-
« res et possédant fonds sont obligés d'en
« prendre soin ; on adjuge l'enfant à ce-
« lui qui offre de s'en charger à moindre
« frais ; le montant de cette adjudication
« au rabais est reparti entre tous les con-
« tribuables de la communauté, à raison
« de leurs propriétés respectives ; de là
« ces procès ruineux entre diverses com-
« munautés qui se rejettent les enfants. »

---

(1) Arch. du Calvados ; C., 815. Coutances.

ENFANTS ABANDONNÉS

et la

COMMUNAUTÉ DES PAROISSES

FONTAINES-L'ABBÉ

Le 11e jour d'août 1625, environ 3 ou 4 heures du matin, au portail de l'église, est trouvé un enfant avec un petit écriteau donnant à connaître que ledit enfant n'aurait été baptisé. En vertu d'un mandement obtenu, ledit jour, du viconte baillival de Beaumont-le-Roger, le curé, observant les cérémonies à ce requises, baptise cet enfant, lequel est nommé François, puis mis entre les mains de la femme de Jehan Cogis, afin de bien le soigner, le garder, nourrir et gouverner.

St-LÉGER-DU-BOSDEL

Le 22 avril 1646, comparaissent devant le curé de la paroisse de St-Léger-du-Bosdel 13 paroissiens dudit lieu, lesquels donnent pouvoir à Jacques Toutenel et à Jean Desplanches de cueillir deniers pour subvenir à la nourriture d'un enfant qui a été trouvé dans les bois de St-Léger, et de taxer les paroissiens suivant le mandement de justice qu'ils ont obtenu de Mr le bailli d'Evreux, pour obtenir ledit paiement ; ils donnent aussi pouvoir de « mettre justice affin d'en estre informé et de faire punir tel crime. »

GIVERVILLE

Le dimanche 6 juillet 1653, devant le curé de Giverville les paroissiens s'assemblent pour délibérer..., entre autre de la nourriture d'un « enfant orfelin estant en icelle paroisse » ; les paroissiens sont d'avis d'être cotisés pour cet effet et en ont donné plein pouvoir de ce faire au sieur curé et à Mr..., pour, en leur conscience, faire ladite cotisation sur chacun d'eux ainsi qu'ils aviseront bon, poursuivre à la dite cotisation en attendant autre pouvoir pour taxer le trésor et la confrérie de charité. — Ceux-ci sont taxés à la somme de 6 livres.

COURBÉPINE

Le 21 septembre 1671, une petite fille âgée de 6 jours, est trouvée exposée au portail de l'église de Courbépine. Un billet attaché aux langes de l'enfant indique que la mère est une fille de 30 ans, laquelle demeurant en service chez un habitant de Courbépine, a été abusée par lui. Le curé baptise l'enfant « par le mandement de justice. — En 1676, le trésorier de la fabrique porte sur son compte : « Payé pour l'enfant trouvé, 4 l. 15 s. »

1671. Sentence condamnant un habitant de

Courbépine à pourvoir à la nourriture d'un enfant naturel reconnu être des œuvres dudit habitant. — (Voir nos *Chansons villageoises* ; p. 6).

1687. — Les comptes du trésorier de la fabrique portent cette mention : « Payé « pour un enfant que l'on a trouvé sous « le portail de notre église, pour la « nourriture et le gouvernement. 10 s. »

1709. — Dans la nuit du 28 au 29 décembre, une petite fille est exposée à la porte du s͏ʳ Dubuisson Fontenelle. Cette enfant meurt un moment après avoir été trouvée. — Les comptes de 1709 indiquent une dépense relative à « un enfant pour Maroquesne. »

LE CHAMBLAC

Le 25 octobre 1680, vers 6 heures du matin, en la paroisse du Chamblac est trouvé un enfant femelle exposé dans un petit panier attaché à un des arbres de l'avenue de Bonneville. Cet enfant est visité en la présence de plusieurs personnes appelées à cet effet ; il est trouvé dans les linges de cet enfant un écrit indiquant qu'il n'est point baptisé et que son père habite la paroisse. Le curé baptise l'enfant qui est ensuite présentée à la mère du paroissien désigné dans l'écrit, pour avoir soin de son éducation ; cette femme déclare ne prétendre répondre des faits de son fils et en a fait refus ; « pour « lequel refus et attendu qu'il estoit né-

« cessaire de pourvoir à la nourriture de
« cet enfant il a esté mis en la garde d'u-
« ne persoune particulière, sans tirer à
« conséquence, jusque à ce que par justi-
« ce autrement il y ait esté pourveu... »
— Le dimanche suivant, 27 octobre, à
l'issue de la grande messe, les paroissiens
s'assemblent devant le curé... ; lesquels
délibérant sur l'exposition de l'enfant
trouvé..., « ont nommé pour leur procu-
« reur général et spécial le porteur de la
« présente auquel ils ont donné pouvoir
« et puissance et authorité, pour eux et à
« leur nom, de présenter au juge royal
« requeste pour estre permis de faire fai-
« re taxe pour subvenir à la nourriture
« dud/ enfant sur tous les habitans et te-
« nant terre et masure dans lad/ parois-
« se, de faire rendre lad/ taxe exécutoire
« sur tous ceux qui y seront compris, mê-
« me en faire sortir le premier sur les rede-
« vables et d'obtenir permission d'appro-
« cher devant lesdits juges royaux les pè-
« re et mère dud/ enfant s'ils sont cog-
« nus, et d'obtenir contre eux tous les
« despens domages et intéretz qui en tel
« cas seront requis, mesme d'obtenir mo-
« nitoire pour avoir déclaration de ladie
« exposition, et généralement faire gérer
« et négotier tout ce qui sera nécessaire
« plaider appeller et poursuivre led/ ju-
« gement devant tous et tels juges qu'il
« appartiendra jusque à jugement défini-
« tif, sans que pour cela il ait besoin d'au-
« tre pouvoir plus spécial, promettant

« tant pour eux que pour les autres ab-
« sens, tenir et avoir pour agréable tout
« ce que ledit leur procureur aura faict
« sur l'obligation de tous leurs biens pré-
« sentz et advenir, ce qu'ils ont signé... »

3 signatures et 7 marques.

1697. — Le 23 octobre, sur les 5 heures du matin, un enfant femelle est trouvé à la principale porte de l'église, enveloppé dans un vieux panier. Dans les har-
des de l'enfant est trouvé un écrit et du
sel ; l'écrit indique le nom du père. —
Les paroissiens étant appelés, le vicaire
baptise sous condition cette petite fille,
laquelle paraît âgée de 2 à 3 jours ; elle
est ensuite emportée par sa marraine, du
consentement et avis desdits paroissiens,
pour la garder en attendant qu'il soit
pourvu à sa nourriture par la paroisse...

Le dimanche suivant, 27 octobre, les
paroissiens s'assemblent devant le curé,
pour délibérer entre eux sur ce qu'ils
ont à faire de l'enfant précité. Sur quoi
faisant, les présents faisant aussi pour
les absents, ils ont été d'avis de la don-
ner à nourrir à Noëlle Fortin qui s'en est
chargée et a promis de le nourrir et soigner comme elle doit, moyennant la somme de 65 sols par mois, laquelle somme
lui sera payée par avance tous les mois
par lesdits paroissiens ; lesquels, pour
faire le recouvrement de ladite somme,
ont été d'avis d'adresser un rôle à M. le
bailli et à M. le procureur fiscal de Fer-

rières pour être autorisés de faire la taxe
sur lesdits paroissiens, et ledit rôle fait
être nommé deux d'entre eux pour en faire la collecte, après qu'il aura été rendu
exécutoire par justice; et ont nommé le
trésorier de l'église pour se présenter à
M. le bailli, pour enquérir d'être pourvù
sur ce que dessus.

3 marques et 5 signatures, dont 2 de nobles.

St-AUBIN-LE-VERTUEUX

1680. — Le 26 septembre, baptème d'un
enfant qui a été trouvé dans le portail de
l'église, ce jour matin allant sonner l'An-
gelus, « dont le père et la mère sont in-
cognus. » — Cet enfant meurt le surlen-
demain.

1707. — Le dimanche 9 juin, à l'ouver-
ture de l'église, a été trouvé par les paroissiens dudit lieu un enfant, du sexe
masculin, qui paraît né de 4 ou 5 jours,
attaché à la porte de l'église dans un panier; lesquels paroissiens ont délibéré
que ledit enfant soit baptisé incessamment et mis entre les mains de Guillaume
Guerin et sa femme qui s'en sont volon-
tairement chargés, parce que lesdits paroissiens leur ont promis une récompense
convenable et délibèreront après vêpres
sur ce sujet; et a ledit enfant été baptisé
sous condition.....

1726. — Le dimanche 28 avril, une soi-
disant sage-femme de la paroisse présente

au curé une fille naturelle, issue de Catherine Lambert, de la paroisse de Ferrières,
pour être baptisée par provision ; le curé
fait aussitôt sonner la cloche en vol et au
tocsin pour appeler les paroissiens afin
de délibérer sur la question de savoir si
cette enfant doit être baptisée incessamment et mise entre les mains de sa mère,
celle-ci ayant fait, le 9 mars, au greffe de
Bernay, la déclaration de sa grossesse ;
aucun paroissien n'ayant comparu, le
curé passe outre et baptise l'enfant, présence de deux paroissiens qui refusent de
signer l'acte.

COURCELLES

Le 11 février 1701, environ 5 heures et
demie du soir, Madeleine Raier, femme
de Guille Adam, de la paroisse de Corqui-
gny, trouve un enfant en s'en retournant
de la grosse forge de Courcelles, de chez
le martelier de qui elle a un enfant en
nourrice ; elle trouve cet enfant dans la
haie de la rivière, sur le bord du grand
chemin de Cerquigny à Bernay. — Cette
femme retourne à la forge avertir les
gens de sa trouvaille ; la mère de l'affi-
neur et plusieurs autres personnes vien-
nent aussitôt et, accompagnés du curé
de Fontaine-l'Abbé, vont au presbytère
de Courcelles chercher le curé. Puis, tous
ensemble se transportent où est exposé
ledit enfant ; une sage-femme est présente et déclare, après l'avoir developpé et

visité, que c'est une fille pouvant avoir
un ou deux jours ; on rémarque que cet
enfant est enveloppé de lambeaux de
vieilles chemises et d'une chiffe sur son
visage ; qu'il est couché sur un vieil lam-
beau de « calabre » sous lequel il y a de
la mousse... — Après quoi on l'apporte à
l'église où il est baptisé sous condition et
nommé Madeleine par la femme qui l'a
trouvée et à laquelle cette enfant est donnée pour la nourrir et allaiter. A ce est
présent Mr de Garancière, seigneur de la
paroisse.

St-OUEN-DE-MANCELLES

1707. — Le vicaire écrit cette attesta-
tion : « Louis Noblet, habitant de la paroisse, ayant trouvé un enfant à la grande porte de l'église, exposé dans un panier, avec un peu de sel, dans un linceuil,
nous en ayant aussitost donné avis et
nous y estant rendu en diligence, après
avoir fait assembler les paroissiens, fait
diligente perquisition de père et de mère
sans qu'ils se soient présentés ou voulu
dire leur nom, et fait visiter ledit enfant
par Catherine Martin femme de Louis Noblet, Angélique Louvigny femme de Noël
Gibourdel et autres qui ont déclaré estre
un enfant masle âgé viron d'hier au matin et dans péril évident de mort ; vu leur
rapport, par nous susdit vicaire baptisé
sous condition et nommé Louis par Louis
Le Domand pris de nous pour parrain, as-

sisté de Marguerite Blanvillain, sa marraine ; après quoy nous avons mis ledit enfant sous la garde de ladite Catherine Martin qui l'a charitablement accepté à protestation de le soigner chrestiennement jusqu'à ce que lesdits paroissiens y ayent autrement pourveu ; le tout en présence de René Massuet, s^r de la Chauvignière, syndic..... »

3 signatures et 5 marques.

1707. — Le 2 juin, à l'issue de la grande messe, devant le curé s'assemblent, en état de commun, les syndic et paroissiens, lesquels requèrent le présent certificat tendant à autoriser le syndic de présenter une requête aux fins de faire un rôle montant à 4 livres par mois, pour la nourriture et linge de l'enfant trouvé le jour St Joseph dernier, pour être sur tous les possédant terre dans la dite paroisse assis la dite somme de 4 livres chacun mois.

4 signatures et 3 marques.

1712. — Le 22 mai, baptême d'un enfant trouvé sur le cimetère. — Cet enfant meurt 8 jours après.

St-QUENTIN-DES-ILES

1710. Les habitants de cette paroisse, voisine de celle de Ferrières où se trouve une ancienne maladerie réunie à l'hôpital général de Bernay, sont chargés de 3 enfants d'un particulier de ladite paroisse détenu dans les prisons pour crime. N'ayant pas jugé à propos, après l'expiration du temps réglé pour la cotisation des pauvres, de pourvoir à la nourriture de ces 3 enfants, lesdits habitants refusent de les garder plus longtemps, sous le prétexte que les biens de ladite maladerie avaient été aussi aumônés pour les pauvres de leur paroisse comme pour ceux de la paroisse de Ferrières. L'affaire est portée devant le juge d'Orbec qui, par sentence du 6 août 1710, donne raison aux paroissiens de St-Quentin-des-Iles, et, le 11, à la requête du syndic, un huissier conduit les 3 enfants à l'hôpital de Bernay pour y être nourris et entretenus jusqu'à l'âge de 10 ans. — Sur l'appel interjetté de cette sentence, la Cour, le 5 septembre, rend un arrêt qui décharge par provision l'hôpital de la garde des 3 enfants, et ordonne qu'ils seront reportés en la maison du syndic de la paroisse de St-Quentin-des-Iles, et que les habitants seront tenus de se cotiser pour fournir à leur subsistance comme ils ont fait avant leur action.

St-Victor-de-Chrétienville.

1719. — Le dimanche 4 mai, les paroissiens en général s'assemblent pour délibérer pour la nourriture et entretien d'un enfant trouvé en leur paroisse, suivant une contrainte faite sur six paroissiens..., et par l'ordonnance donnée par

MM. les officiers du baillage d'Orbec, et obéissant à ce qu'il plaira à justice à en ordonner, et consentent que rôlle soit fait suivant le revenu de chacun d'eux.
15 signatures.

1763, 1774, 1778, 1779, baptême de 4 enfants trouvés (1).

St-PIERRE-DE-CERNIÈRES

1719. — Le dimanche 26 décembre, les paroissiens s'assemblent en état de commun ; le syndic leur communique une assignation à eux faite, à la requête de M. de Bosdroits, pour comparoir lejour-d'hui à la vicomté de Glos, pour être condamnés à contribuer à la nourriture et entretien de la fille de feu Catherine Morel, bâtarde âgée de 18 mois, que ledit seigneur de Bosdroit dit être à sa charge ; pourquoi ledit syndic demande que les dits paroissiens aient à délibérer sur les fins dudit exploit. — Les paroissiens sont d'avis qu'il soit fait un rôle sur tous les possédants biens sur ladite paroisse, eu égard à la quantité d'iceux, dans lequel rôle sera employé le sieur curé, comme étant une charge de la paroisse ; lequel rôle sera arrêté en présence de Mr de Bosdroit, de 5 paroissiens dénommés et du syndic, qui sont autorisés de choisir un paroissien pour faire la cueilte... •
10 signatures et 2 marques.

_____

(1) Voir notre livre : *Le Cléricalisme n'est pas l'ennemi de l'Instruction*, etc ; page 161.

VERNEUSSES

1727, 9 et 16 mars ; 16 juillet. — Délibérations des paroissiens au sujet d'un enfant exposé (1).

CHEUX

Le dimanche 14 janvier 1759, à la réquisition du syndic, assemblée des « tresfonciers », aux fins de pourvoir à la subsistance d'un enfant femelle trouvé exposé sous les halles de ladite paroisse le dimanche 23 décembre dernier, lequel enfant a été mis provisoirement le même jour par ledit syndic, aux mains de la femme de Pierre Bougon. Sur quoi lesd/ paroissiens présents..., ayant délibéré, sont convenus de ce qui suit : 1° lesdits sieurs délibérants approuvent ce qui a été fait par ledit syndic à cette occasion ; 2° ledit enfant sera nourri et entretenu aux frais des s^rs trésoriers de ladite paroisse pendant l'espace de sept années à compter du jour qu'il a été trouvé ; 3° pour la levée des deniers nécessaires, lesdits s^rs délibérants ont nommé pour députés les s^rs Desmarets du Doüet s^r de St Vendrille et Savari procureur au bailliage de Caen auxquels ils ont donné plein pouvoir et autorité de pour eux et en leur nom faire un rôle de répartition sur les tresfonciers de ladite paroisse à proportion de leur re-

---

(1) Voir notre étude : *Le Cléricalisme n'est pas l'ennemi de l'Instruction*, etc. ; pages 150-168.

venu, de la somme qui va être ci-après liquidée, et présenter à cet effet une requête à M. l'Intendant, tendante à ce qu'il lui plaise viser le présent certificat et rendre ledit rôle exécutoire, comme aussi de faire toutes les perquisitions possibles et nécessaires pour découvrir les auteurs de l'exposition dudit enfant et être leur découverte rapportée au général de ladite paroisse pour par elle procéder ainsi qu'elle avisera bien ; 4° la nourriture et entretien dudit enfant ayant été bannie au rabais pour obvier à l'agravation desdits sieurs tresfonciers, lesdits sieurs délibérants ont adjugé la nourriture et entretien dudit enfant à Pierre Bougon et à sa femme, parce qu'il leur sera payé par chacune desdites sept années la somme de cinquante cinq livres...

Cette délibération porte 17 signatures (1).

SERQUIGNY

En 1766, le 29 décembre, deux « cornoyeurs » de ladite paroisse, Jacques Louvet et Nicolas Cheruel, sont écrasés, au bas de la côte de la Rivière-Thibouville, par l'éboulement des terres ; ils laissent chacun trois enfants dans la misère, sans secours et sans subsistance. L'Intendant donne ordre de conduire ces six enfants immédiatement à l'hôpital général de Bernay, pour y être gouvernés jusqu'à l'âge de dix ans ; l'hôpital les reçoit le 4 janvier 1767.

_____

(1) Archives du Calvados. — G. Paroisses.

MALLEVILLE-SUR-LE-BEC

1769 — Le lundi 17 avril, environ sur
les 7 heures du matin, Louis Morin, âgé
de 17 ans, domestique de M. Vittecoq
St-Martin, prêtre habitué en ladite paroisse, venant pour servir la messe dudit prêtre, passe sous le porche de l'église pour
prendre les clefs au presbytère pour sonner la messe et, sous ledit porche, il trouve un enfant dont la tête est tournée du
côté de la grande porte de l'église, au
coin ou angle droit dudit porche. — Morin va sur le champ trouver son maître,
lequel, suivi de sa belle-sœur et d'une
voisine, se rend sous le porche et sonne
à la porte du curé ; tous ensemble trou-
vent ledit enfant qui leur paraît tout nou-
veau né, n'ayant pour tout linge et lange
qu'une petite cornette sur la tête où il
paraît un petit morceau de mousseline de
nulle valeur avec quatre autres mauvais
morceaux dont trois de toile et le qua-
trième de cinq lames. — Cet enfant (Elle)
est porté de suite et rechauffé au presbytère ; pendant cela on bat la cloche pour
assembler la paroisse. On remarque que
ledit enfant a été exposé depuis peu de
temps, puisque un ouvrier venant tra-
vailler chez le curé, avait passé sous le
porche à 5 heures 1[2 et il certifie que
ledit enfant n'était point exposé. Après
quoi, il est délibéré et arrêté que, provisoirement ledit enfant serait baptisé (1) et

(1) L'enfant est nommée Marie-Catherine et

mis en nourrice jusqu'à ce que les paroissiens aient pris parti sur ce qui sera décidé pour faire élever ledit enfant ou sur tel autre parti qu'ils jugeront plus convenable. Enfin, le curé arrête le présent procès-verbal que signent les 3 prêtres de la paroisse et 4 témoins.

1769. — Le 7 mai, à l'issue des vêpres, après 3 avertissements faits consécutivement aux prônes des messes paroissiales, après aussi l'envoi de convocation chez les propriétaires et habitants (au nombre de 15), en date du 4 de ce mois, à la diligence du sindic, et le plus grand nombre des anciens trésoriers ainsi que le général des autres propriétaires, paroissiens et habitants de la paroisse, assemblés au son de la cloche au lieu et en la manière accoutumée, pour décider sur le sort d'un enfant femelle trouvé exposé sous le porche de l'église.....; lesquels propriétaires, paroissiens et habitants ont délibéré que ledit enfant sera incessamment envoyé aux Enfants trouvés, à Paris (1) à la charge que celui qui s'en char-

surnommée *Duporche*.

(1) A cette époque, presque tous les enfants exposés étaient envoyés, comme de vulgaires colis, à l'hôpital général de Paris. Les abus et l'augmentation des expositions d'enfants mêmes légitimes, motivèrent les sages arrêts des 24 janvier 1775 et 10 janvier 1779, ordonnant de porter à l'hôpital le plus voisin les enfants exposés, à la subsistance desquels l'Etat coopère désormais dans une large mesure.

gera pour le transporter audit lieu sera tenu d'apporter une décharge en bonne et due forme pour la paroisse, de sorte qu'elle n'en soit inquiétée en aucune façon que ce soit ou puisse être, dont ledit porteur sera responsable ; bien entendu que la femme de Jacques Vittecoq sera payée du temps qu'elle a pris ledit enfant en nourrice jusqu'au jour de son départ. A ce est intervenu Pierre Marc, de cette paroisse, lequel s'est obligé d'exécuter de point en point les conditions proposées et d'avoir dudit enfant tout le soin qu'inspire le droit naturel et paternel, parce que lesdits propriétaires, paroissiens et habitants se sont obligés de lui payer la somme de 90 livres payables au jeudi dans l'octave du S' Sacrement, parce que d'ici à ce temps-là il sera fait un rôle de répartition au marc la livré sur tous les contribuables à la taille de la paroisse ; à la collection de laquelle somme de 90 livres a été nommé la personne de Toussaint Guenet, de la paroisse de S' Taurin, qui joindra à la susdite somme celle qui sera décidée pour le temps de nourrice ; lesquelles sommes en total seront levées comme dit est, conjointement avec la somme de 4 livres 10 sols que lesdits propriétaires, paroissiens et habitants ont promis payer audit Guenet pour ses peines de collecte. Le tout fait et arrêté en outre présence de 13 paroissiens dénommés et plusieurs autres dont partie (19) a signé...

LA BARRE

Le 24 mai 1780, un enfant est trouvé sous le portail de l'église et envoyé à l'hôpital de Bernay. — Les administrateurs de cet établissement écrivent à l'Intendant pour être exonérés de cette charge ; « suivant les ordonnances, disent-ils, tout « enfant exposé à la porte d'une église « tombe à la charge de la communauté ; « les paroissiens étaient obligés de faire « élever lesdits enfants. » — L'Intendant répond : « ... On a senti l'inconvénient « et les dangers même qui résultoient de « l'obligation où on mettoit une paroisse « d'être chargée de l'éducation d'un bâ-« tard. Les recherches que souvent elle « faisoit pour découvrir les auteurs et fai-« re tomber sur eux la dépense, effra-« yoient une malheureuse fille qui, dans « la crainte d'être recherchée et découver-« te, faisoit périr son enfant... » ; l'Intendant ordonne à l'hôpital de se charger du dit enfant et de ne pas souffrir qu'il soit porté aux Enfants trouvés de Paris.

Les arrêts de 1775 et 1779 ayant complétement modifié la législation ancienne, les expositions d'enfants deviennent de plus en plus rares dans les campagnes ; par contre, à partir de 1782, le nombre des enfants abandonnnés et mis à la charge des hôpitaux, s'accroît chaque année ; à Bernay, en 1785, ce nombre s'élève à 32.

www.ingramcontent.com/pod-product-compliance
Lightning Source LLC
Chambersburg PA
CBHW070748280326
41934CB00011B/2842